AF461608

CONFÉRENCE

FAITE

Le Dimanche 25 Juillet 1886, au grand théâtre de Dijon

SUR LA VIE ET LES ŒUVRES

DE

FRANÇOIS RUDE

PAR

M. E. SPULLER

Député de la Côte-d'Or

DIJON

IMPRIMERIE JACQUOT, FLORET & Cie

Rue Amiral-Roussin, 15

MESDAMES, MESSIEURS,

J'aurais très mauvaise grâce à ne pas vous exprimer tout de suite ma reconnaissance. Comment ne pas vous remercier d'avoir eu le courage de braver cette chaleur étouffante, pour répondre à l'appel qui vous a été adressé par le comité du monument Rude ? C'est moi qui, tout le premier, dois reconnaître qu'il y a quelque mérite de votre part à venir vous enfermer pendant toute une après-midi, même avec l'attrait d'un concert, pour entendre une conférence sur la vie et les œuvres d'un vieux sculpteur qui me semble déjà bien oublié, si j'en juge par l'extrême petit nombre de ceux qui tiennent à rendre hommage à sa mémoire.

Cependant, messieurs, ce sculpteur, ce n'est pas seulement un Dijonnais, un compatriote; c'est un des plus grands hommes que la France ait produits. Il n'y a pas de gloire dont nous, Bourguignons, attachés à notre petite patrie dans la grande, nous puissions et dont nous devions être plus fiers. On a pu écrire de lui avec raison que c'était un véritable homme de Plutarque, sans doute parce qu'il était à la fois un grand homme et un brave homme.

Oui, messieurs, nous pouvons le dire avec orgueil, François Rude, statuaire de grande race, citoyen éprouvé, homme accompli, est un des plus illustres enfants de Dijon, un des plus nobles fils de la France. Aussi pardonnez-moi ce souvenir tout personnel, j'habitais encore Dijon dans les dernières années de la vie de M. Rude. Je me souviens de l'avoir encore vu dans nos rues, marchant d'un pas alerte, causant et riant, avec sa figure si caractérisée, tout empreinte de bonté — la bonté, messieurs, cet humble mot et cette chose si grande, comme a dit Michelet ! Je l'ai vu, traversant notre ville. Je le vois encore avec la simplicité et la modestie de ses habitudes, quoiqu'il fût tout rayonnant de gloire et de génie. Est-ce que cette gloire serait aujourd'hui inconnue de ses compatriotes ? Je me le demande, messieurs, avec un certain sentiment d'inquiétude (Mouvement); car, mes chers concitoyens, si mes souvenirs ne me trompent pas, au temps où vivait M. Rude, je ne crois pas que l'on eût rencontré facilement un seul Dijonnais qui ne se fût découvert avec respect devant cet homme illustre. En ce temps-là, tous, nous savions ce qu'était M. Rude, ce qu'il avait fait pour la gloire de Dijon et pour la gloire de la France, qui lui était plus chère encore.

Aujourd'hui Dijon s'apprête à lui élever une statue, et il est mort, il y a déjà plus de trente ans ! C'est un hommage qui semble bien tardif. Si d'autres villes avaient donné naissance à un tel fils, peut-être se seraient-elles empressées davantage; mais, pour nous disculper de ces trop longs retards, rappelons que Dijon a produit tant d'hommes illustres, que nous sommes quelque peu excusables de ne pas savoir à qui, parmi nos gloires locales, ériger la première statue ! (On rit.)

Quoi qu'il en soit, nous qui sommes réunis ici, nous pouvons nous dire que nous remplissons un devoir, et c'est sans doute ce qui vous a conduits et rassemblés dans cette salle. Encore une fois, soyez-en remerciés !

Messieurs, la gloire est venue tard à François Rude. A l'exposition de 1855, quand, pour la première fois, la France étala, en même temps que ses richesses industrielles, ses trésors artistiques devant toutes les nations de l'univers, quatre grandes médailles d'honneur furent décernées aux beaux-arts. Celle qui était accordée à la sculpture fut décernée, à l'unanimité, par un jury composé de tous les artistes de toutes les nations, à François Rude. Cette grande nouvelle lui fut portée, et il eut le bonheur, avant de mourir, de savoir que cet honneur, suprême récompense de toute sa glorieuse vie d'artiste, lui était attribuée par ses rivaux chez tous les peuples. Certainement, si M. Rude eût paru devant le public assemblé pour la distribution solennelle des récompenses, à son aspect, à la vue de sa tête vénérable, déjà chargée d'années, et après tant d'admirables travaux, au moment où il serait venu recevoir la médaille qui lui avait été accordée, les représentants de l'art dans le monde entier se seraient levés devant lui. (Assentiment unanime et applaudissements.)

Il n'eut pas cette joie. La mort vint le surprendre avant le jour du triomphe. Il le connut, mais n'en jouit pas. Qu'importe? Rude venait de vaincre pour son pays, plus encore que pour lui-même. Que signifiait cette grande médaille d'honneur? Le voici, messieurs. Elle voulait dire que François Rude était le sculpteur qui, au dix-neuvième siècle, par la seule force de son inspiration et de son génie, avait retrouvé les plus pures traditions du grand art de la statuaire. François Rude fut proclamé l'héritier des divins sculpteurs grecs. (Mouvement.)

Il était né à Dijon, le 4 novembre 1784, dans celle des rues de notre ville qui porte aujourd'hui son nom. Son père était forgeron, ou, pour parler plus exactement, serrurier de son état. On a rapporté que ce père était un artisan très habile en son métier, et l'on prétend — je n'ai jamais pu vérifier le fait — qu'il existe encore dans le voisinage de sa maison un balcon ouvragé et curieusement travaillé, en fer forgé de ses mains. Ce qui est certain, c'est que le père de François Rude était un homme à l'esprit éveillé, ami des nouveautés, qui ne se contentait pas de faire son métier en artisan ordinaire. Il était allé en Allemagne, ce qui était plus rare encore à cette époque qu'aujourd'hui, pour y étudier et en rapporter le secret de la fabrication des cheminées à la prussienne. Celles des vieilles familles de Dijon qui ont fait usage des cheminées à la prussienne, ont dû les acheter chez M. Rude père, qui fut longtemps seul à en vendre en notre ville. Ce serrurier n'avait guère d'autre ambition que de gagner honnêtement quelque aisance et de se retirer; et même il ne prévoyait pas d'autre avenir pour son fils, ne lui souhaitant pas d'autre destinée que la sienne, avec moins de peine et un peu plus de fortune.

Le jeune Rude se plia d'abord à la volonté paternelle. Il revêtit le tablier et commença à travailler à la forge, mais il était tourmenté — comme tous ceux qui doivent s'élever par le talent au-dessus de la condition qui les a vus naître — par une vocation irrésistible. Un jour, un morceau de fer rouge lui tomba sur le pied et le contraignit à rester quelque temps dans sa chambre, loin de son étau et du fer qu'il s'apprenait à marteler. C'est alors que, dans son lit, sur ses genoux, il commença ses premiers dessins. Tous ceux qui les virent furent très frappés des dispositions que montrait l'enfant, et M. Rude père les remarqua, comme tout le monde. Dijon possédait, à cette époque, une école des beaux-arts ; c'est la même que celle que nous avons encore aujourd'hui et que nous devons entourer de tant de sollicitude. Cette ancienne école avait été fondée par les Etats-Généraux de Bourgogne. Le directeur d'alors était un homme d'un grand mérite , nourri des traditions classiques, fort habile peintre, professeur excellent, maître admirable en l'art de deviner et de soutenir les vocations. C'était François Devosge. Peu de temps avant Rude , François Devosge avait eu l'honneur d'avoir pour élève, dans la section de peinture, un homme qui ne tient pas dans son art une place aussi élevée que François Rude dans le sien, mais enfin, qui peut, à bon droit, compter parmi les maîtres les plus délicats et les plus nobles de la peinture française : je veux parler de Pierre-Paul Prudhon, né à Cluny, élève de notre école de Dijon, et que je me reprocherais de ne pas saluer en ce jour consacré à la principale de ses gloires.

François Devosge accueillit le jeune

Rude ou plutôt il le demanda à son père, qui déclara qu'il ne voulait pas que son fils devînt artiste. Rude père reconnaissait bien l'utilité qu'il y a pour un artisan à savoir bien dessiner, et, sous ce rapport, il ne s'opposait pas à ce que son fils suivît les cours de l'Académie, comme on disait alors ; il consentit donc à l'envoyer aux cours, mais à la condition que les maîtres ne chercheraient pas à faire de son fils ni un peintre, ni un sculpteur. Condition vaine ! et recommandations superflues ! Dès ses premiers essais, ses premières ébauches, François Rude étonna et ravit ses maîtres. Le directeur François Devosge ne tarissait pas d'éloges sur le compte de cet enfant si bien doué, à tel point que, l'ayant attiré chez lui, ne pouvant se passer de le voir, de le conseiller et de l'instruire, il en parlait à tout le monde. L'enfant était devenu si familier dans la maison du maître que la servante lui dit un jour : Mais qu'est-ce que tu fais donc, Rude, que *notre monsieur* parle sans cesse de toi ?

Ce que faisait ce jeune homme ? Il se livrait à une étude patiente et sûre, intelligente et large, avec un sentiment libre et personnel, de tous les modèles, inanimés ou vivants, qu'il copiait pendant les séances. Et c'est là ce qui révéla sa vocation d'artiste. Si, dès ce moment-là, François Rude n'eût apparu à ses maîtres que comme l'artisan perfectionné que son père désirait garder à Dijon, certainement Devosge ne l'aurait pas attiré dans sa bibliothèque pour l'initier à la connaissance des maîtres. Aussi, toutes les fois que l'enfant pouvait avoir une heure de liberté, en dehors des heures de l'Académie, il s'enfermait dans le cabinet du directeur, feuilletait les collections d'estampes, lisait les ouvrages techniques, apprenait l'histoire de l'art, perfectionnait enfin son éducation générale et se préparait à devenir, non-seulement un artiste qui exécute, mais un homme qui pense et qui crée. (Très bien ! très bien ! et applaudissements.)

François Rude était à peu près âgé de quinze ans quand son père fut frappé de revers de fortune. Bien loin de déserter le travail manuel, il s'y montra, au contraire, plus appliqué que jamais ; et, comme il lui fallait gagner son pain quotidien, il entra chez des entrepreneurs de peinture, MM. Mugnier frères, comme broyeur de couleurs et peintre de fenêtres. Mais l'Académie non plus n'était pas désertée. Chaque année, il emportait des prix. Toutes les récompenses que l'on donne aujourd'hui aux élèves, Rude les a obtenues en son temps. C'est un glorieux devancier, que celui-là ; c'est un ancêtre qui doit servir aux élèves d'aujourd'hui de modèle et d'exemple, comme écolier studieux et persévérant. Il n'y eut bientôt plus moyen de résister à sa vocation, et déjà ses maîtres songeaient à diriger vers les grandes écoles un jeune homme de tant d'espérances. C'est dans ces circonstances que François Rude fit la connaissance d'un homme qui a été pour lui un véritable bienfaiteur, et, pour être juste, on devrait peut-être dire le véritable révélateur du génie de Rude. M. Fremiet, contrôleur des contributions directes, s'intéressa à ses premiers travaux, l'amena dans sa maison, l'y traita bientôt en enfant chéri, à telles enseignes que François Rude ayant atteint l'âge de sa majorité, et M. Fremiet reconnaissant en lui ses rares dispositions, cet homme de sens et de bon cœur fit le sacrifice, alors très lourd, de le racheter de la conscription et de l'arracher à la servitude militaire pour le donner tout entier à l'art.

C'était en 1805, à l'époque où l'empereur Napoléon commençait à faire ces terribles levées d'hommes qui ont jeté sur la France tant de gloire, mais qui l'ont en même temps appauvrie et comme épuisée pour de longues générations.

François Rude, recommandé à l'Ecole des beaux-arts de Paris par ses maîtres, aurait pu se passer de toute recommandation : il avait déjà un commencement de talent, surtout au point de vue de l'exécution. Aussi, après une année d'études à peine, il entra le premier en loges et obtint le second grand prix de Rome, dont le premier fut remporté par Cortot. Qui songe à comparer les deux hommes aujourd'hui ? Rude avait fait pour ce concours une œuvre dont il n'était pas trop mécontent ; mais il était plus enchanté encore d'une parole que lui avait dite Denon, qui, voyant son essai : *Aristée pleurant ses abeilles*, lui avait reproché d'avoir trop bien copié quelques fragments de l'antique et de les avoir insérés tout nets dans sa composition.

Rude ayant obtenu le grand prix de Rome se trouvait définitivement dispensé du service militaire. Les circonstances s'opposèrent à ce qu'il partît pour l'Italie, et il faut s'en féliciter hautement, car la sculpture, telle qu'il la comprenait alors, lui apparaissait trop comme une pure imitation de l'antiquité, et, malheureusement, pas de la plus pure antiquité, non de la beauté grecque, par exemple, mais des œuvres marquées au coin de la décadence romaine. Cet art fait d'imitations, surtout en sculpture, était si exclusif, sous prétexte de respect de la tradition, que certainement le génie de Rude eût pu s'atrophier pour toujours, en restant trop fidèle aux enseignements de l'Ecole. Un tel homme, pour être tout ce qu'il a été, devait commencer par s'affranchir lui-même; et c'est ce qu'il n'aurait peut-être pas réussi à faire s'il était allé, sous les ombrages de la villa Médicis, continuer les imitations froides et stériles qu'il avait appris à faire à Paris.

Les circonstances politiques en décidèrent autrement.

François Rude se trouvait à Dijon en 1815. M. Fremiet, fonctionnaire impérial et bonapartiste fervent, s'était compromis pour sa cause pendant la première Restauration.

Tout le monde sait que, à la nouvelle

du débarquement de Napoléon revenant de l'île d'Elbe, le maréchal Ney avait quitté Paris à la tête de l'armée que le roi Louis XVIII lui avait confiée, et qu'il s'était engagé imprudemment à ramener l'ogre de Corse dans une cage de fer. Ney était un homme de premier mouvement qui se laissait trop facilement égarer par la passion. Le propos qu'on lui prête n'a peut-être jamais été tenu. Sa défection n'en est pas moins certaine et sa conduite digne de blâme. A peine fut-il dans l'est de la France, où les Bourbons avaient toujours été détestés ; à peine se retrouva-t-il à la tête de troupes qui ne voulaient à aucun prix abandonner la cause de la Révolution et de la France, qu'il sentit qu'il ne pourrait pas plus résister que ses soldats à la vue de l'empereur rentrant à Paris, comme l'aigle qui semblait voler de clocher en clocher jusqu'à Notre-Dame. François Rude fut de ceux qui décidèrent l'armée de Ney à reprendre les couleurs nationales. Il courut au devant des soldats que le maréchal Ney avait ramenés de Lons-le-Saunier sur Dijon pour barrer passage à l'empereur et arbora la cocarde tricolore.

Il faut le dire, pour Rude et ses amis,

crier : Vive l'Empereur ! c'était crier : Vive la Révolution française ! à bas la réaction ! à bas les Bourbons ! Leur bonapartisme était avant tout révolutionnaire. On sait la suite. Après cent jours de règne, Napoléon succomba définitivement à Waterloo et fut envoyé à Sainte-Hélène. Les Bourbons rentrèrent. Louis XVIII remonta sur le trône, et le malheureux Ney expia, dans l'allée du Luxembourg, la coupable volte-face qu'il avait faite, et à laquelle, on peut le dire, François Rude n'était pas resté étranger. Après de tels évènements, le séjour de France n'était pas sûr pour notre sculpteur, d'autant moins sûr que Rude avait poursuivi sa propagande politique autour de Dijon, en allant, à la tête d'une troupe d'amis exaltés comme lui jusqu'au délire, dans la direction de Paris, pour essayer de lutter, en livrant des escarmouches plus ou moins meurtrières, contre les armées de la coalition qui envahissaient pour la seconde fois la France. Il était rentré bientôt à Dijon, désespéré mais reconnaissant qu'il n'y avait plus rien à faire, sans se douter que si la France était encore une fois la proie des étrangers, c'était Napoléon avec sa criminelle ambition qu'il fallait rendre responsable d'un tel désastre. Avant de remettre le pied dans sa ville, où déjà M. Fremiet, son bienfaiteur, commençait à se cacher, Rude avait rencontré sur sa route un grand artiste qu'il admirait profondément, l'illustre peintre Louis David, qui fuyait en Suisse, devançant l'exil auquel il allait être condamné comme ayant voté la mort de Louis XVI à la Convention Nationale. Les délateurs se donnèrent bientôt libre carrière ; les prisons s'emplirent et la Terreur blanche commença. M. Fremiet prit le chemin de l'exil, et Rude suivit son bienfaiteur, moins pour se protéger lui-même que pour payer sa dette de reconnaissance et accomplir un devoir d'honneur. Il partit non pour l'Italie, mais pour la Belgique. Il était ou paraissait moins préoccupé de reprendre ses études interrompues, que de gagner sa vie, et surtout celle de ceux qu'il aimait. Il était prêt à se faire ouvrier de ses mains, pour assurer leur subsistance. Mais déjà son talent de praticien s'était produit dans diverses occasions qui lui avaient permis de se faire connaître et apprécier. C'est ainsi qu'il avait été employé par Gaules, l'architecte de la colonne Vendôme, aux modelages accessoires de friperie militaire qui décorent en bas-reliefs les soubassements de la colonne, élevée à la gloire des armées de l'Empire sur la place Vendôme. Les casques, les cuirasses, les justaucorps, les armes, les drapeaux que l'on voit sur ce monument, sont de la main de Rude.

Arrivé en Belgique, il commença par donner des leçons particulières ; il ouvrit même une école à laquelle ne manquèrent pas les élèves. Il en vint assez pour que la famille de M. Fremiet fût mise à l'abri du besoin. A tant de sollicitude, de reconnaissance filiale, M. Fremiet sut répondre de la seule manière qui fût digne de ce grand cœur; il accorda à François Rude la main de sa fille, Mlle Sophie Fremiet, jeune personne déjà distinguée dans l'art de la peinture et dont le musée de Dijon possède des tableaux remarquables, et qui, outre l'intérêt d'origine qui s'y rattache, sont loin d'être indignes de figurer dans une belle et riche collection publique comme la nôtre.

La Belgique, à cette époque, manquait de sculpteurs. François Rude, dans toute la force et l'activité de la jeunesse, avait noué, parmi les hommes de l'exil, des relations étendues et toutes naturelles. Il avait su plaire au grand peintre David, dont la juste renommée s'imposait, comme une autorité, à tous les artistes. La Belgique eut recours à Rude. Il reçut plusieurs commandes et exécuta divers ouvrages où l'on ne voit pas encore tout ce qu'il devait être un jour, mais où il est déjà possible de discerner sa rupture avec l'école froide et inanimée du premier empire. La *Chasse de Méléagre*, exécutée au château de Tervueren, résidence magnifique, qui devait être offerte au prince d'Orange, et surtout les bas-reliefs consacrés à la *Vie d'Achille* attestent que le talent de Rude était, dès cette époque, hors de toute comparaison avec tout ce qui comptait en Belgique et à Paris.

Cette supériorité allait éclater dès sa rentrée en France, qui eut lieu en 1827. Il y rapportait une œuvre qui méritait d'enlever tout de suite l'admiration générale : c'était le *Mercure rattachant ses talonnières*. Mais il y avait encore de longues années à s'écouler, avant que la gloire de Rude fût incontestée comme son génie.

Tout ce que l'on peut dire de lui, à cette époque de sa vie, c'est qu'il s'était, pour ainsi parler, retrouvé luimême. Il n'avait passé ni par l'école de Rome, ni par les ateliers de Paris. Qui pourrait affirmer qu'il ne s'y fût pas gâté ? Dans la solitude, livré à ses propres inspirations, il avait beaucoup réfléchi et médité. Son génie — qu'il tenait de la nature — s'était peu à peu dégagé, et, de plus, il avait beaucoup travaillé de ses mains ; il était devenu un exécutant tout à fait hors de pair. Aussi peut-on dire que, depuis la Renaissance, François Rude est certainement le plus grand ouvrier statuaire que le le monde de l'art ait connu. Son métier n'avait plus de secrets pour lui. Il pouvait faire ce qu'il voulait, et si sa pensée personnelle n'était pas encore complètement dégagée des limbes où la tenait enfermée le goût passionné de l'imitation antique, du moins cette pensée, quelle qu'elle fût, était assurée de trouver dans les mains d'un artiste consommé des moyens d'expression d'une sûreté et d'une précision qui ne laissaient plus rien à désirer. (Mouvement unanime d'adhésion.)

A partir de cette époque, la vie de M. Rude n'offre rien qui mérite d'être raconté avec quelques détails. Son histoire se confond avec celle de ses ouvrages.

C'est le moment de parler de l'homme, de l'artiste et de ses œuvres principales.

C'était un homme de taille un peu au-dessous de la moyenne, avec des épaules fortement accusées, trapu, charpenté comme un athlète, sans aucun trait saillant, sans bosse bien caractéristique, mais avec un œil clair, habitué à faire le tour des choses, et allant droit aux gens. Ce qu'il y avait en lui de plus frappant, c'était, il faut bien le dire, sa barbe, cette barbe longue et limoneuse qu'il portait, sans doute, en souvenir des artistes de la Renaissance et qui lui donnait une vague ressemblance avec quelques-uns d'entre eux, comme le Tintoret, le Titien et le grand Léonard de Vinci.

Cette barbe légendaire a été souvent raillée du vivant de M. Rude. Un jour qu'il était allé faire visite à l'illustre M. Ingres, il fut reçu sur le seuil de la porte par Mme Ingres qui, croyant avoir affaire à un modèle en quête de pose, le renvoya en lui disant : « Nous n'avons pas besoin de fleuve. » (Rires).

François Rude avait la parole sonore, le geste vif et abondant, le rire bruyant et communicatif. Ses manières étaient franches et populaires. Ses voisins de la rue d'Enfer se souviennent de l'avoir vu souvent fumer sa pipe en manches de chemise, assis à cheval sur une chaise, à la porte cochère de sa maison. Affranchi de toute espèce de préjugé, il ne dédaignait pas d'aller puiser de l'eau aux fontaines publiques, pour les besoins de son ménage.

Sa conversation était pleine de charme et d'agrément, avec des saillies inattendues, la causerie d'un homme qui pense par lui-même, libre dans ses critiques et ayant, ce qui est le signe d'élection des hommes supérieurs, une inépuisable faculté d'admiration, qui tenait à la force saine de son esprit et à la bonté de son cœur. Rude, qui a vécu 71 ans, a passé sa vie, on peut le dire, non pas à se contempler lui-même, comme il n'arrive que trop souvent aux médiocrités impuissantes et jalouses, mais à admirer, à louer, à exalter les autres. Il appliquait spontanément le noble précepte de Châteaubriand. Sa critique n'était pas la critique des défauts dans les œuvres, qui est le plus souvent inféconde; il préférait la critique des beautés, qui soutient le moral des artistes, en excitant leur émulation. De là ses succès comme professeur ; de là aussi l'attachement profond que tous ses élèves lui avaient voué et gardent à sa mémoire. (Applaudissements).

L'homme était impétueux, mais l'artiste savait admirablement se posséder. Comme caractère, il était impossible d'unir à plus de simplicité plus de vraie grandeur. Son instruction, si brusquement interrompue, traversée par tant d'épreuves, son expérience qu'il avait acquise par de longs jours de travail entrecoupés par les orages de la politique, se résumaient dans une sorte d'éducation toute professionnelle qu'il avait reprise et considérablement étendue. Rude était fort instruit, sous ses apparences rustiques. On a dit souvent que, de tous les artistes, les sculpteurs sont, malheureusement, les moins instruits pour ne pas dire les plus ignorants. Ce n'était pas le cas de Rude, nourri dès sa jeunesse des meilleures lectures. Que lisait-il? Exclusivement, on pourrait presque l'affirmer, les chefs-d'œuvre de notre littérature, et surtout ceux de l'antiquité. Il ne pouvait se lasser d'admirer, dans les citoyens de la Grèce et de Rome, les véritables héros de la vie civile; il aimait, dans les hommes publics des anciens temps, leur patriotisme, leur frugalité, leur austérité, leur désintéressement. Souvent, dans son atelier, pendant qu'il modelait, il se faisait lire les *Vies des hommes illustres*, de Plutarque. « Rude, comme l'a dit un éminent critique, était un Romain qui fumait la pipe; » et, tout en fumant cette pipe qu'il n'a quittée qu'à son dernier soupir, il s'interrompait dans son travail pour s'écrier : quels hommes ! quels hommes ! Plutarque, Homère, les poètes grecs, l'histoire de la France, l'histoire de la Révolution, les *Victoires et conquêtes* étaient l'objet de ses prédilections. Mais cette âme si simple et si grande s'était tournée avec un goût passionné vers la philosophie la plus austère, vers le stoïcisme des anciens qu'il sentait fait pour lui. C'était là ce qui le rendait supérieur aux agitations de la vie, sobre, modeste, exempt de jalousie et d'ambition.

Le manuel d'Epictète était son livre de chevet, et il y a, dans le petit livre de Marc-Aurèle, une pensée grave et religieuse, qu'il se répétait tous les jours comme une sorte de prière :

« O nature — disait-il d'une voix

émue et profonde — ô nature, tout vient de toi, tout est en toi, et tout rentre en toi. »

Nul doute que cette parole admirable n'ait marqué les dispositions de son âme d'une impression forte et durable. Le génie de la Grèce avait de bonne heure hanté l'imagination de Rude. Il crut longtemps qu'il n'y avait qu'à l'imiter; mais à force de l'étudier, il comprit que ce génie même devait tout aux inspirations de la nature. Après avoir acquis tout ce que la tradition pouvait lui fournir, il remonta spontanément à la source de toute vie et de toute beauté. S'observant lui-même, en quelque sorte, au milieu de ses contemporains et de ses rivaux, il vit que David, d'Angers, l'avait précédé dans la sculpture historique et qu'il n'y serait pas vraiment créateur, ce qui est la noble ambition de tout grand artiste. Il vit que Pradier, à la recherche des formes antiques, s'égarait trop souvent dans la contemplation des formes modernes, suivant le mot si vrai et si piquant de Préault qui disait : Pradier part tous les matins pour Athènes, mais il s'arrête au quartier Bréda. Il vit que Préault lui-même, à cause de la fougue de son imagination puissante mais désordonnée, n'atteignait pas à cette perfection supérieure qui est la marque du grand art. Il vit enfin que Canova, cherchant le rajeunissement de la forme antique, était entré dans la vraie voie, et que cette indication méritait d'être reprise et serrée de plus près. Sous l'empire de cette grande pensée : O nature, tout est en toi ! qui devint comme la règle de son esprit et comme la philosophie de son œuvre, il s'éleva jusqu'à la contemplation de l'exquise et suprême beauté (Applaudissements.)

Il comprit que, pour atteindre à la perfection des Grecs, il devait contraindre ses ardeurs, modérer ses élans, c'est-à-dire rester calme, maître de lui-même en luttant avec les difficultés de la nature ; en sorte que l'on pourrait résumer son œuvre en disant que, si la tradition fut sa mère, la nature devint sa nourrice. Il ne put jamais d'ailleurs se délivrer complètement de son admiration pour la première période de la statuaire grecque. On saisit, dans certaines statues de ce grand homme, notamment dans celles que nous avons ici, au musée de Dijon, dans l'*Hébé*, par exemple, une certaine maigreur voulue, une sorte de gracilité dans les formes, qui rappelle les œuvres de la statuaire de l'école d'Egine. Ce parti-pris lui a été reproché. Peut-être ne se doutait-il pas qu'il y eût mieux à faire que de s'astreindre à serrer la réalité de plus en plus près. Quoi qu'il en soit, son effort ne put jamais, à ce qu'il semble, s'élever au delà, excepté dans la grande œuvre qu'il a laissée et dont nous reparlerons plus amplement tout à l'heure. Mais on sait que ses idées étaient très arrêtées sur ce point et qu'il n'y est venu qu'après de longues réflexions.

Il concevait la statuaire au point de vue même des Grecs. Pour lui, toute la sculpture consistait, par la seule représentation de la forme humaine, à réaliser l'expression d'un idéal de beauté qu'il ne croyait pas tirer de son génie. Croyait-il sérieusement copier quand il interprétait la nature si largement et avec tant d'originalité ? Question assez difficile à résoudre, malgré tout ce qu'il a pu dire ! Ce qui est certain, c'est que les œuvres de Rude réalisent le mot si vrai du chancelier Bacon, à qui l'on demandait : Qu'est-ce que l'art? et qui répondait :

— C'est l'homme ajouté à la nature.

Cette statuaire grecque, qu'il admirait tant et dont il ne cessait de recommander l'étude, le grand désespoir de sa vie fut de ne pouvoir aller la contempler en Grèce. Il ne put même se rendre en Italie qu'après l'exécution de ses principaux ouvrages, quand son éducation d'artiste était finie et qu'il n'avait plus rien à y apprendre. Une idée dominante lui était restée de toutes ses méditations, c'est que les sculpteurs grecs, fidèles au culte national de la force et de la beauté physiques, avaient dû commencer par choisir les plus parfaits modèles pour les copier ; que plus tard, ayant fait des forces de la nature leurs dieux, ils avaient pris dans la nature les plus belles formes pour en revêtir ces dieux, et que c'est ainsi qu'ils avaient imprimé à leur art ce caractère élevé, grandiose, auguste, presque religieux, qui fait de la statuaire antique l'étonnement et l'admiration de tous ceux qui la contemplent. (Vifs applaudissements.) Mais pourquoi, Messieurs, m'efforcerais-je en vain de lutter, pour vous exposer ces questions délicates, avec un grand écrivain qui s'est expliqué là-dessus avec une éloquence admirable ?

Ecoutez cette belle page, qui semble

avoir été écrite pour dépeindre et caractériser le grand art de François Rude :

« Vers l'époque où Phidias orna le Panthéon de ses œuvres immortelles, la sculpture antique atteignit alors son plus haut point de perfection. Elle manifesta tout ensemble la beauté idéale et la beauté physique, l'imposante majesté, l'élégance exquise, la noblesse et le mouvement passionné. Sous la forme humaine, ravissante de grandeur, de grâce, d'harmonie, on découvrit le dieu, et le dieu, ce fut l'homme encore, non l'homme imparfait que nous voyons, dans cette région infime des ombres, passer sous nos yeux en fuyant, mais l'homme dépouillé des conditions de sa mortalité, l'homme qu'au-dessus du temps la pensée contemple dans son exemplaire éternel.

« De là cette vie intarissable qui coule à flots dans le marbre et le bronze. De là ces souffrances dont on ne pourrait supporter le spectacle réel, et qui, devenues celles du Laocoon ou du Cimbre mourant, au lieu de repousser, vous attirent par un charme indéfinissable. De là, enfin, la nudité chaste, ces formes parfaites qui, sans autre voile que leur beauté pudique elle-même, n'excitent aucune émotion sensuelle, ne laissent s'exhaler d'elles aucune vapeur qui trouble et enivre, qui ternisse la pureté du regard. C'est que la chair n'est que l'enveloppe transparente de l'esprit ; c'est qu'à la vue de ces merveilles de l'art, la pensée, déployant ses ailes, quitte la terre et s'envole, transportée d'un céleste amour, vers le modèle idéal que reflète la corporelle image, et se fixe en lui uniquement. » (Applaudissements.)

Cette admirable page est de M. de Lamennais. Elle est tirée de son livre intitulé : *Esquisse d'une philosophie.* Nulle part la sculpture grecque n'a été dépeinte en traits plus larges et plus vrais, décrite avec un sentiment plus profond et plus magnifique. Cette page toute rayonnante de beauté, je m'en empare et je l'applique à Rude. C'est, en effet, à ce sommet sublime qu'il a su atteindre ; c'est par là qu'il s'est placé au-dessus de tous les sculpteurs de son temps, ses rivaux et ses contemporains. Il a mis la nature au-dessus de tout dans ses recherches ; il s'est attaché à elle et, tout en la copiant, comme il s'obstinait à le dire, il l'interprétait avec tant de vérité, de puissance et de poésie, que son génie la transfigurait pour la postérité. — (Applaudissements unanimes.)

Puisque je parle de son génie, comment ne pas vous dire aussi quelques mots de son enseignement ?

Rude aimait à converser de l'art, volontiers, au milieu de ses élèves, sans chercher à les influencer trop directement, à les tourmenter par des préceptes trop rigoureux et d'une application trop difficile. « Soyez libres ! » leur répétait-il sans cesse. Soyez libres ! mais regardez, observez tout ce qui est à votre portée. Il avait adopté une formule saisissante, quand il disait : « Ne me parlez pas du génie : le génie, c'est le travail ». Cette maxime était bien placée dans la bouche d'un homme originaire de Dijon, sorti de ce pays de Bourgogne, qui a donné naissance au grand Buffon, qui était, lui aussi, un génie d'une telle puissance qu'on n'a pu le comparer qu'au génie même de la nature :

Majestati naturæ par ingenium

à Buffon, qui a donné cette définition si connue du génie : Le génie n'est qu'une longue patience. Quand Rude répétait, avec quelque vivacité, qu'il ne voulait pas entendre parler du génie, et que le génie, c'est le travail, il parlait à peu près comme Buffon. Mais il allait plus loin et il ne craignait pas d'ajouter qu'il n'aimait pas non plus qu'on lui parlât d'inspiration : Voyez les sciences, disait-il ; considérez les sciences qui ont fait tant de progrès, et qui ont affranchi l'humanité par la découverte des lois de la matière ! Elles ont arraché ses secrets à la nature, assoupli ses forces pour les mettre au service de l'homme. Eh bien ! voyez par quelle méthode elles ont réussi. Il y a eu longtemps en présence deux méthodes distinctes : l'observation et l'hypothèse. Ceux qui, parmi les savants, se sont attachés à entasser les hypothèses sur les hypothèses n'ont rien produit ; ceux, au contraire, qui ont observé les faits, remarqué leur enchaînement et découvert leurs lois, ceux-là sont arrivés au but, ils ont tout obtenu. (Profond mouvement.)

Il en est de même, continuait-il en s'adressant à ses élèves, pour nous autres artistes, il y a deux termes, qui sont comme les deux méthodes : il y a l'imitation et ce que l'on appelle l'inspiration. Sans doute l'inspiration pourra vous échauffer, vous exciter, vous emporter un moment, mais prenez garde qu'elle n'aboutisse qu'au désordre de l'esprit. Une imitation sincère, loyale, poursuivie à travers toutes les difficultés, et les serrant de près, est autrement féconde que l'inspiration. Imiter, c'est observer, et observer, pour l'artiste, c'est presque créer. (Nouveau mouvement.)

Il ne faudrait pas, messieurs, exagérer ces principes, ou plutôt ces formules de l'enseignement de Rude, mais telles étaient bien ses opinions. Il les a répétées toute sa vie, jusqu'à sa mort, elles forment le fond même de sa doctrine. Est-ce là ce qui a fait dire à certains critiques que Rude était incapable de s'élever très haut dans la région de l'idéal? Il y a des raisons de le croire. On en peut conclure qu'un homme qui travaille assidûment chaque jour et qui, chaque année, produit des chefs-d'œuvre, a tort de formuler certaines maximes qui ne sont pas toujours fidèlement recueillies, qui sont mal interprétées, et qui d'ailleurs ne sont pas applicables par tout le monde. Cet homme, fût-il un grand maître, plein d'expérience et de génie, s'expose à être mal compris. C'est ce qui est arrivé à Rude.

Cependant le *Mercure* exposé au Salon

de 1827, et que l'Etat fit couler en bronze plus tard pour le Luxembourg, ce *Mercure* se présentait avec un caractère, une originalité, qui ne furent compris que plus tard, mais que l'œil exercé des artistes et des amateurs avait dû reconnaître et discerner immédiatement. François Rude venait de sculpter le mouvement, c'est-à-dire la vie même. Nulle autre figure, pas même le *Mercure* de Jean de Bologne, que Rude ne pouvait connaître que par des copies, nulle autre figure ne donne l'idée du mouvement comme le *Mercure rattachant ses talonnières*, que l'on voit aujourd'hui au Louvre. Il est difficile de peindre, par la parole, une œuvre que l'art, surtout un art précis comme la sculpture a déjà revêtue de ses plus belles formes. Comment essayer de vous décrire cette magnifique création sortie toute frémissante de l'intelligence et des mains de l'artiste, et qui peut être mise à côté des plus belles statues de l'ancienne Grèce, ce beau corps tout palpitant de force, de jeunesse, saisi comme au vol dans la rapidité de sa fonction céleste de messager des Dieux ? Essayez de rappeler vos souvenirs, voyez comme il s'enlève ! il tient si peu à la terre ! on dirait d'un oiseau !

il va s'envoler, il s'envole, d'un mouvement délicieux, d'une impatience qui a des ailes, avec une grâce qui n'est pas d'un homme, mais d'un dieu. Messieurs, je ne crains pas de le dire, cette création est la plus originale, la plus savante et la plus charmante de toutes celles de François Rude. C'est ce *Mercure* qui fait voir en pleine lumière à quel point le mouvement, la vie sont inhérents, pour ainsi dire, au génie de Rude. On a bien fait de donner une place d'honneur à ce glorieux chef-d'œuvre au Louvre, dans la salle qui porte le nom de notre grand concitoyen. (Applaudissements prolongés).

Mais que de chefs-d'œuvre allaient succéder! Au Salon de 1831, Rude exposa le plâtre du *Petit Pêcheur napolitain.* Messieurs, les chefs-d'œuvre de l'art sont comme les livres, ils ont leurs destinées! Je ne puis vous laisser ignorer ce qui a été dit de ce chef-d'œuvre par un homme qui tenait alors le sceptre de la critique, par Gustave Planche. C'est à croire que non-seulement le critique n'a pas seulement regardé le *Petit Pêcheur napolitain,* mais qu'il ne l'a jamais vu.

Gustave Planche écrivait les lignes suivantes, dans son Salon de 1831 :

« Un *Jeune Pêcheur napolitain* de M. Rude n'a guère de nouveau et d'original que son bonnet et ses dents qu'il montre ; du reste, la figure elle-même est d'un choix malheureux ; le torse et les membres sont lourdement exécutés ; où M. Rude a-t-il vu de pareils pêcheurs, si simplement vêtus ? Un bonnet, sans chemise, plaisant accoutrement ! Pourquoi pas de haillons ? Pour Dieu ! si vous voulez à toute force du nu, et rien que du nu, restez dans la mythologie, vivez sur le héros, et ne touchez pas à l'humanité ! »

Oui, messieurs, voilà ce qui fut écrit en 1831, sur le *Jeune Pêcheur napolitain*, sur cette fleur vivante, adorable de grâce et d'esprit, sur ce jeune corps tout baigné de lumière, sur ce sourire indéfinissable qui semble partir de l'être intérieur et animer toute cette charmante figure. Encore une fois, c'est à ne pas y croire ! Voilà ce qu'a pu écrire celui qui était réputé comme le plus compétent des critiques. Fiez-vous donc au jugement des hommes ! (Rires et applaudissements).

Deux ans après, Rude, qui n'avait pas été déconcerté par cet accueil de la critique, Rude représentait son *jeune Pê-*

cheur napolitain, mais cette fois en marbre. Ce chef-d'œuvre d'exécution, d'une exécution qui n'a été égalée par personne depuis l'antiquité, pas même par les plus grands artistes de la Renaissance italienne, ce chef-d'œuvre força l'admiration générale, car le même homme qui avait écrit, en 1831, les lignes que je viens de vous lire, était obligé, à deux ans d'intervalle, d'écrire cette amende honorable :

« La figure napolitaine de M. Rude est au nombre des meilleurs ouvrages de cette année. Le marbre que nous voyons est très supérieur au modèle exposé il y a deux ans. Toutes les parties sont traitées avec soin, avec amour. Peut-être l'ensemble est-il un peu froid. Mais dans le style paisible et simple, c'est un morceau remarquable. »

Messieurs, ce n'est pas assez pour le *Petit Pêcheur napolitain* que ce maigre éloge ! Encore une fois, c'est à n'y rien comprendre. Sans doute c'était reconnaître que Rude était le premier ouvrier sculpteur de son temps, et encore ! Mais que dire de la stérilité de cette critique qui s'arrête aux détails, aux accessoires et qui ne voit pas le fond !

Est-il bien sérieux de reprocher à un

artiste comme Rude de n'avoir pas vu un pêcheur napolitain couvert d'un bonnet et n'ayant que ce bonnet pour tout costume? Et cependant, lorsque, plus tard, Rude voyageant en Italie avec un de ses compatriotes, M. Camille Bouchet, de Pourlans, les deux amis arrivèrent sur la rivière de Gênes, la première chose qu'ils virent, ce fut un enfant jouant sur le rivage avec des galets, comme joue le *Jeune Pêcheur* de Rude avec sa tortue. Aussi Rude ne put-il s'empêcher de contempler l'enfant, d'admirer ses belles formes et de les comparer avec son propre ouvrage. Il put jouir alors de la vraie et pure satisfaction que procure le sentiment de la chose bien faite. Et roulant de grosses larmes qui coulaient sur sa longue barbe, l'artiste s'écria : Ils m'ont reproché mon *Petit Pêcheur au bonnet*, mais le voici ! sous mes yeux ! et encore j'aime mieux le mien. (Très bien ! très bien ! et vifs applaudissements.)

La chose bien faite, exquise et pure, l'œuvre achevée et sortant des mains de l'artiste avec le cachet de perfection qui en est le sceau, tels sont les caractères qui distinguent l'œuvre de Rude. Cette perfection se retrouve au même degré dans un autre ouvrage, d'un tout autre caractère. Jamais on n'a vu nulle part rien de plus charmant, rien de plus accompli que le *Louis XIII* adolescent que Rude exécuta en argent pour le duc Albert de Luynes, noble et magnifique seigneur, amateur aussi éclairé que passionné des beaux-arts, héritier de la fortune considérable du duc Albert de Luynes, favori de Louis XIII, et qui voulut élever un monument de pieuse reconnaissance en son château de Dampierre, à la mémoire du royal bienfaiteur de sa famille. Il s'adressa à Rude. Il n'est personne qui ne sache que l'origine de la faveur et de la fortune d'Albert de Luynes vint de la grande passion du roi Louis XIII pour la chasse aux oiseaux. Ce prince aimait à courir dans les bois, avec son jeune favori, qui était surtout très habile dans l'art de tendre des pièges et de chasser aux pies grièches. Rude, délicatement inspiré, à la fois discret et habile, eut l'idée de représenter le jeune roi à l'âge où il faisait cette chasse aux oiseaux, en compagnie du premier des Luynes. Rien de plus galant, de plus cavalier, de plus royal que cet enfant qui s'avance, le chapeau coquettement et fièrement posé sur la tête, ayant à la main une badine cueillie dans la forêt. Le jeune roi commande, comme peut le faire un enfant royal de 15 à 16 ans, avec plus de caprices dans la volonté que d'autorité véritable. Cette statuette, de grandeur nature, est une merveille. C'est ici le cas de dire que l'art surpasse la matière. Cet admirable travail transporta le duc de Luynes de reconnaissance pour Rude. L'artiste fut sollicité de fournir sa note. Avec son désintéressement ordinaire, il demanda 6,000 fr. Le duc de Luynes, qui n'était pas seulement un grand seigneur par la naissance et la fortune, mais un connaisseur délicat et instruit, doubla la somme et la lui porta lui-même pour la faire accepter. C'est peut-être la seule de ses œuvres, à part notre *Hébé*, qui fut payée à Rude, non pas à sa valeur, mais avec cette parfaite bonne grâce qui ajoute à la valeur des honoraires. (Applaudissements.)

Le talent de Rude était si éclatant qu'il semblait impossible de ne pas l'appeler à prendre part à la décoration de l'Arc-de-Triomphe. Il était fort apprécié par M. Thiers, ministre de l'intérieur. A sa rentrée de Belgique, l'artiste avait été admis à décorer une frise de l'Arc; il avait représenté, à une hauteur qui ne permet pas de l'apercevoir, le retour de l'armée d'Egypte. M. Thiers pensa à Rude pour lui donner à décorer les quatre façades des piliers de l'Arc-de-Triomphe. Il lui fit les plus brillantes promesses, en protestant de son entier dévouement et de sa protection toute-puissante. Rude se mit à la tâche et fournit, pour cette décoration, plus de soixante dessins. L'heure venue de passer à l'exécution, il apprit, de la bouche de M. Thiers, que, sollicité de toutes parts par des artistes fort appuyés, le ministre avait dû partager les travaux à exécuter et que, des quatre piliers à sculpter, il ne pouvait plus charger M. Rude que de la décoration en bas-relief du pilier de droite de la face de l'Arc qui regarde les Champs-Elysées. C'est ainsi que M. Rude fut récompensé d'un travail acharné, de la préparation et de l'exécution de soixante dessins et de maquettes égarées encore aujourd'hui dans les combles du ministère de l'intérieur. Il y a bien quelque honte à rappeler ces souvenirs, mais ils se rattachent si intimement à la vie de Rude que l'on ne peut guère les passer sous silence. A côté de la noble générosité du duc de Luynes, doublant les honoraires demandés par Rude, mettez la lésinerie dont on a fait preuve à son égard pour ses travaux de décoration de l'Arc-de Triomphe : c'est le particulier qui l'emporte ici sur l'Etat : ce n'est pas ainsi que se distribuaient et se récompensaient les œuvres d'art dans les cités de l'ancienne Grèce ! (Marques d'adhésion. — Applaudissements !)

Je laisse pour le moment de côté cette décoration de l'un des piliers de l'Arc-de-Triomphe, ayant dessein d'en parler comme de l'œuvre qui résume le mieux Rude, son génie et son œuvre. Pour achever de faire connaître l'homme, je voudrais dire ici quelques mots de ses opinions et de ses sentiments politiques. Rude, né en 1784, avait entendu les grondements de la Révolution française et vu passer ses orages ; il était républicain de naissance et d'éducation. Sa foi politique l'attachait profondément aux principes et aux hommes de la Révolution. Comment en eût-il été autrement, né sur un sol où la Révolution française a poussé des racines indestructibles ? Mais il était bonapartiste, en même temps que républicain. En cela, il était encore de son temps et de son pays. Il croyait, d'une foi ardente et profonde, avec les hommes les plus dévoués à la cause populaire de sa ville et de sa génération, que Napoléon, fils de la Révolution, avait continué son œuvre au dehors en portant ses idées et ses principes au-delà de nos frontières pour les répandre sur le monde. Tel était le fond des opinions politiques de Rude. Il était républicain-bonapartiste, mais il était plus Français encore que républicain. Cet homme de cœur chaud, patriote jusqu'au chauvinisme, ne voyait, ne mettait rien au-dessus de la France et il n'était si attaché à la France, que parce qu'il lui semblait — pour employer un langage passé de mode mais qui exprimait bien son sentiment intime — que la France avait une mission providentielle et était le Messie des nations.

Le grand sculpteur Rude n'était pourtant, dans son art, ni un rêveur ni un sentimental ; il avait plutôt le goût de la force et de la fierté que celui du mysticisme et de la mélancolie. Cela se voit bien dans ses œuvres de sculpture religieuse où il est gêné. Quand on s'occupa de la décoration du Luxembourg, on le savait patriote ardent, on lui demanda la statue de Jeanne d'Arc. Cette grande figure le passionnait étrangement ; cette évocation de la France populaire du moyen-âge parlait à son imagination et à son cœur. Il se mit à l'œuvre, et comme il se savait capable d'exécuter ce qu'il avait conçu, il eut la pensée de reproduire la sublime inspirée de Domremy entendant ses voix.

Comment peindre aux yeux une physionomie si difficile à saisir ? Voyez, au Louvre, la bergère de Lorraine ! La cotte de mailles n'enserre pas sa taille ; elle se dit appelée à partir pour chasser l'Anglais, pour tirer le roi de son oisiveté et le mener à Reims ; mais elle n'est pas armée ; elle ne fait qu'écouter les voix qui lui parlent ; elle soulève sa chevelure, pour mieux discerner ce qu'elle veut entendre ; l'extase brille dans ses yeux, et sa face apparaît comme transfigurée. Cet effort compliqué fut mal accueilli, au moment où la statue de Jeanne d'Arc fut placée dans le jardin du Luxembourg. Retournez la voir maintenant qu'elle est au Louvre ! Elle n'est plus exposée en plein air, mais sous les voûtes de notre musée national, et peut-être la jugeant avec un sentiment plus intime, plus recueilli, entrerez-vous mieux dans la pensée du grand statuaire. Rude tenait beaucoup à sa Jeanne d'Arc, et la comparant aux autres Jeanne d'Arc, il pouvait dire comme Michelet : ma Jeanne d'Arc ! Elle est en effet bien à lui, cette image de la vierge du patriotisme. Cette figure a tenté souvent les artistes : peut-être celle de Rude restera-t-elle encore la meilleure. (Applaudissements.)

Mais il y a d'autres preuves des sentiments républicains de Rude qui méritent d'être rapportées. En 1845, le parti républicain perdit un de ses chefs, Godefroi Cavaignac, journaliste militant, qui avait combattu la royauté par toutes les armes à sa portée et qui était mort, laissant la démocratie républicaine, dont il était l'idole, dans un deuil profond. Une souscription fut ouverte pour lui élever un tombeau ; on demanda la statue de Godefroi Cavaignac à Rude, qui l'avait connu et qui pouvait mieux que personne rendre son image à ses amis désolés. Fidèle à ses principes en sculpture, fidèle aussi à son amitié pour un grand citoyen, il ne crut pas qu'il fût possible de lui rendre un meilleur témoignage que de l'exposer devant la postérité tel qu'il l'avait connu de son vivant. Il le coucha sur une table de marbre, la tête moulée exactement sur le masque roidi et glacé par la mort ; le corps dissimulé sous une draperie de bronze, aux plis nombreux, qui est un chef d'œuvre d'exécution ; la poitrine bombée, et dans laquelle semble palpiter le noble cœur qui avait battu pour la plus juste et la plus généreuse des causes, la cause de la justice et de la liberté. Ce chef-d'œuvre achevé, Rude, le contemplant, ne crut pas pouvoir le signer seul. Il avait été aidé par un de ses élèves. Il associa le nom de cet élève au sien, et signa Rude et son élève Christophe, récompense admirable, trait de caractère digne des plus beaux temps de l'antiquité.

Lorsque le *Tombeau de Godefroi Cavaignac* fut exposé à l'admiration de tous, la critique y brisa ses dents. L'expression en était trop profonde ! Tout ce qu'elle sut remarquer, c'est que cette poitrine en avant avait déjà été étudiée et exécutée par un grand sculpteur. En effet, dans le chœur de la cathédrale de Rouen, on voit le mausolée du maréchal de Dreux-Brézé, où Jean Goujon a déjà représenté un homme couché par la mort et la poitrine découverte, et dont Rude a pu s'inspirer; mais, devant la statue de Godefroi étendu sur la pierre, on éprouve cette impression saisissante que la vie vient à peine de quitter le cadavre, qu'il respire encore, qu'il va revivre, et l'illusion est si grande qu'elle persiste et rappelle celle dont on est assailli après la mort, lorsqu'on vient de perdre quelque être aimé dont on voudrait pouvoir racheter le trépas. (Profonde émotion.)

La vue de ce bronze arracha des larmes à tous les républicains d'alors ; aujourd'hui encore, pas un de nous, lorsque de pieux devoirs l'appellent au cimetière Montmartre, ne manque de faire sa visite au tombeau de Godefroi Cavaignac, de rendre hommage aux vertus civiques du héros républicain, au génie du sculpteur qui l'a fait immortel dans la mort. Godefroy dort là, étendu dans le repos, après avoir vaillamment combattu; mais l'idée dont il était l'apôtre et le soldat, l'idée républicaine subsiste; elle vit, elle grandit; elle a déjà conquis la France; les petits oiseaux du ciel qui viennent boire dans les plis de bronze qui enveloppent sa noble dépouille peuvent dire si les générations nouvelles ne viennent pas pieusement apporter les pleurs du souvenir à celui qui a tant aimé la République et la patrie. (Applaudissements prolongés.)

Messieurs, vous venez de voir M. Rude sous son aspect de grand artiste républicain ; voyons-le maintenant sous son aspect bonapartiste, comme un homme attaché à la légende impériale qu'il ne séparait pas de la légende révolutionnaire ; vous le trouverez grand artiste, comme tout à l'heure, dans la statue du *Réveil de Napoléon*, que l'on voit à quelques pas d'ici, sur le coteau de Fixin.

Il n'est pas un Bourguignon qui ne sache que M. Noisot, ancien commandant du bataillon des grenadiers de l'île d'Elbe, retiré dans sa maison de campagne de Fixin, passait sa vie à regretter son empereur. M. Noisot était grand ami de Rude, et il lui parlait sans cesse de son désir d'avoir une image de l'empereur, tel qu'il l'avait connu, aimé, servi au temps de sa jeunesse.

Messieurs, permettez-moi cette réflexion toute personnelle. Ceux qui ont vécu auprès de quelque grande individualité, supérieure par l'esprit et par le cœur, et qui l'ont vue tout à coup disparaître, arrachée brusquement de leur propre existence, comme une partie d'eux-mêmes, ceux-là nourrissent le désir de revoir l'être qu'ils ont aimé et perdu. Ils voudraient l'avoir sans cesse sous les yeux, tel qu'ils l'ont compris, tel qu'il reste dans leur imagination, que dis-je ? tel qu'il reste au plus profond de leur âme. Pour comble de tourment, ils nourrissent cette pensée, à la fois avec le sentiment profond de l'impuissance de l'art à leur rendre ce qui n'est plus et le désir sans cesse renaissant de mettre les ressources de l'art à l'épreuve, pour en avoir une image fidèle. Je sais ces choses, messieurs, pour les avoir éprouvées; je connais cette torture, et je ne rencontre ni un peintre, ni un sculpteur, qu'aussitôt je ne veuille lui demander l'image de celui qui est là dans mon cœur et qui y demeurera toujours. (Applaudissements unanimes. — Profond mouvement d'émotion dans l'assistance.)

M. Noisot en était là, messieurs, et, un jour que Rude était allé lui rendre visite à Fixin, il lui dit : Vous me parlez sans cesse de votre empereur, eh bien, je vous ferai, moi, un empereur ! Rude eut alors l'idée que voici. Il voulut représenter Napoléon enchaîné sur le rocher de Sainte-Hélène et se réveillant tout à coup à la vie, pour reprendre la tâche interrompue par la défaite et la mort. Cette idée, singulière au premier abord, l'artiste crut pouvoir la réaliser au moyen de procédés qui ont été vivement critiqués : on trouva trop d'esprit, on découvrit trop d'intentions dans cette statue. C'est ainsi que l'on blâma l'aigle avec une chaîne autour du cou qui l'emprisonne ; on jugea que le rocher sur lequel repose l'empereur avait été rétréci à dessein, comme pour montrer que le prisonnier était trop à l'étroit dans cette île meurtrière de Sainte-Hélène, lui qui avait traversé l'Europe à grandes enjambées, en mesurant l'espace par ses victoires. C'est de la littérature, tout cela, disait-on ; ce n'est pas de la sculpture. Il y avait peut-être quelque raison dans toutes ces critiques ; elles n'en étaient pas moins puériles, car c'était voir une grande œuvre par ses côtés accessoires, c'était mal comprendre la grandeur du monument que Rude avait voulu élever à la personnalité gigantesque de Napoléon dans l'histoire. Je pourrais, messieurs, pour atténuer ces critiques, mettre en lumière tout ce qu'il y a d'achevé dans l'exécution de cet ouvrage considérable, faire remarquer la beauté de la draperie, le manteau de Marengo et d'Austerlitz, qui est splendide, la noblesse du mouvement général du corps qui semble ranimé d'une vie nouvelle, la majesté du masque napoléonien, celui-là même qui avait été rapporté de Sainte-Hélène par les amis de l'empereur après sa mort. Je pourrais surtout insister sur l'aspect saisissant de ce regard, de ces yeux qui se rouvrent à la lumière et qui regardent au loin, dans l'espace, avec une pensée de regret et d'espérance. Que regarde l'empereur, messieurs ? Que voit-il ? Hélas, il a devant lui nos frontières entamées de l'Est, défense naturelle de la France, que la Révolution française nous avait acquise et qu'avec tout son génie, il a laissé reprendre à nos ennemis. Il regarde vers les Vosges, hélas ! De son temps nous avions encore le Rhin. Il regarde le Jura, sa vue s'étend jusqu'à l'Italie, dont il avait fait une annexe de la France ! Et de tout cela, rien, plus rien ! qu'est-ce donc que la gloire ! Et qu'est-elle, comparée à la liberté? (Mouvement.)

Messieurs, si vous aimez passionnément la France — et vous l'aimez — si vous êtes attachés à sa grandeur, allez en Bourgogne, à Fixin, arrêtez-vous devant le Napoléon de Rude, et vous sentirez comme elle vit, comme elle parle de gloire et de patriotisme ! (Vifs applaudissements.)

Je vous l'ai déjà dit, Rude croyait, d'une foi naïve, à la mission providentielle du premier Bonaparte. Cette croyance, il la partageait avec son parti, avec son pays. Hélas ! Nulle erreur n'a été plus dangereuse ni plus fatale à la France. Que de déceptions et que de ruines ! C'est bien le cas de réciter les vers du poète :

Encor Napoléon, encor sa grande image,
Ah ! que ce rude et dur guerrier
Nous a coûté de sang, de pleurs et d'outrage
Pour quelques rameaux de laurier !

Non, messieurs, Napoléon Bonaparte n'était pas, comme le pensait Rude, l'héritier et le continuateur de la Révolution française ; au contraire, il l'a interrompue, entravée, pervertie, malheureusement pour lui et pour nous : pour lui, car il n'a pu monter au trône que par un crime contre la patrie et contre les lois ; mais surtout pour nous, pour la France, car il l'a laissée appauvrie d'argent, épuisée d'hommes, et finalement plus petite qu'il ne l'avait prise dans sa main de fer. (Nouveaux applaudissements.)

Mais, messieurs, Rude, en son temps, avec son éducation, ne pouvait pas voir les choses à ce point de vue. Il vivait alors sous le règne d'un prince qui gouvernait pour le compte d'une caste, que l'Europe des rois avait d'abord méprisé, et que ses flatteurs appelaient le Napoléon de la paix, parce que son règne était celui des hauts barons de la finance. Un tel rapprochement semblait à Rude un véritable sacrilège.

Le Napoléon de la paix ! cette injure faisait bondir Rude d'indignation dans son cœur de patriote, lui qui prévoyait que cette royauté bourgeoise serait rejetée par la France en un jour de révolution, que l'on a pu appeler la révolution du mépris, lui qui n'avait pas assez de colères et d'imprécations contre le pouvoir personnel et contre la paix à tout prix ! Aussi, messieurs, il faut voir dans la statue de Rude ce qu'il a voulu y mettre, une protestation contre l'abaissement de la grandeur française par la politique extérieure de Louis-Philippe. (Très bien ! très bien ! et applaudissements.)

Telle a été la pensée de François Rude.

Ce n'est faire qu'une plaisanterie des plus médiocres que de prétendre qu'il n'y a dans cette œuvre admirable qu'un modèle de pendule assez mal réussi. Quand il s'agit d'un artiste de cette envergure, on n'a pas le droit d'employer des expressions aussi dénigrantes, aussi injustes et qui ne rappellent que les charges d'atelier. (Marques d'approbation.)

Messieurs, je me souviens de ce mois de septembre de 1846, époque où fut découvert le monument de Fixin, quoique je fusse bien jeune alors. Le premier journal politique que j'aie lu — c'était le *Courrier de la Côte-d'Or* — contenait le récit de la grande fête qui fut donnée à l'occasion de l'inauguration du *Napoléon* de M. Rude. On prit bien soin d'expliquer aux générations nouvelles ce que voulait dire le Napoléon représenté par le grand artiste. Pourquoi ne le dirais-je pas ? — le feuilleton qui parut ce jour-là dans le *Courrier de la Côte-d'Or*, — feuilleton dans lequel on exaltait la Révolution française et la grandeur de son action dans le monde, ainsi que la mission providentielle de la France parmi les peuples, — ce feuilleton, qui était le premier de son auteur, était écrit, non sans éloquence, par un homme qui, depuis, hélas ! par ses palinodies, devait nous ménager bien des déceptions. (Mouvement.)

François Rude eut encore une autre occasion de manifester son culte pour Napoléon quand il modela la statue du maréchal Bertrand, serviteur fidèle de Napoléon pendant son exil. Cette statue est aujourd'hui à Châteauroux.

Enfin, après le rétablissement du second empire, auquel Rude n'applaudit point, la famille du maréchal Ney fut autorisée à élever à la mémoire du maréchal un monument de réhabilitation, dans l'allée du Luxembourg, à la place même où il était tombé. On songea à charger Rude de l'exécution de la statue. Rude accepta cette mission. Ce n'était que justice ; vous vous souvenez de la part toute personnelle que Rude avait prise à l'aventure du maréchal. Jamais, à aucun moment de sa vie, Rude ne pensa que le maréchal Ney avait manqué à sa parole et trahi la confiance du roi, qui lui avait confié le commandement d'une armée. Sa passion politique l'égarait à ce point que, tout stoïcien qu'il fût, il oubliait ce premier précepte de la morale, qu'un honnête homme n'a qu'une parole et ne doit s'en écarter sous aucun prétexte. Or, le maréchal avait violé la sienne, ce n'est pas douteux. Mais Rude se sentait comme enveloppé dans la condamnation si rigoureuse et dans l'exécution plus atroce encore qui avait frappé le maréchal. Il saisit avec passion l'occasion qui lui était offerte de protester contre l'assassinat juridique de Ney, et voici quelle fut sa première pensée — et c'était la vraie — quant à l'œuvre à exécuter.

Il tenait à représenter le maréchal tel qu'il s'est présenté aux soldats commandés pour le fusiller, tel qu'il avait comparu devant la cour des pairs, en grande capote militaire, avec les guêtres jusqu'au genou, la tête décoiffée du bonnet de police jeté à ses pieds, les cheveux au vent, montrant d'un geste sa poitrine découverte à l'endroit du cœur, commandant lui-même le feu, prêt à tomber courageusement sur la place de l'exécution. C'était là une idée simple et grande qui aurait frappé vivement l'imagination populaire. Le peuple aurait revu Ney, victime de la fureur des passions politiques, expiant par une mort ignominieuse vingt ans de services et de gloire militaire. Rude tenait beaucoup à cette idée ; il en fit part à la famille du maréchal qui aperçut clairement l'intention de l'artiste. Il voulait non pas réhabiliter mais glorifier l'illustre soldat jusque dans l'acte le plus répréhensible de sa vie. Mais, par malheur, on eut l'idée d'en référer à Napoléon III. Le taciturne empereur, tournant sa moustache, dit mélancoliquement : « Cette pensée est saisissante; mais rappelons sa gloire plutôt que ses malheurs! » Cette réflexion fut un arrêt pour la famille Ney qui fit savoir à Rude qu'elle ne pouvait pas accepter sa première conception, et qui lui demanda de représenter le maréchal dans un des plus glorieux épisodes de sa vie militaire, au passage de la Bérézina. En vain Rude fit observer que sa première idée était la meilleure, et qu'il avait des raisons toutes personnelles d'y tenir ; il ne put rien obtenir, se laissa vaincre et conçut une autre statue fort audacieuse également et qui suscita de vives et nombreuses critiques dans le monde de l'art. Il voulut peindre Ney à la tête d'un corps d'armée, enlevant ses soldats d'enthousiasme pour une marche en avant. Il dut se livrer à des études approfondies et particulièrement difficiles pour montrer, dans une statue, un homme qui court, qui commande, qui entraîne des bataillons derrière lui. Il n'avait guère pour le guider que le geste familier de Ney dans l'action : le bras en avant, ce bras que les armées du premier empire connaissaient bien et qui semblait les soutenir dans la mêlée des combats. (Profond mouvement.). De plus, il tenait à représenter le maréchal criant : En avant ! pour enlever tout son monde et forcer la victoire. Y réussit-il à son gré ? On ne saurait trop le dire : Rude était si modeste ! mais ce qu'on sait bien, c'est que ses ennemis profitèrent de cette dernière audace pour déclarer que Rude était tombé dans un réalisme presque ignoble, que jamais il ne pourrait s'élever à l'idéal du grand art ; on oubliait tout simplement l'Arc-de-Triomphe ! La première conception du maréchal commandant pour lui-même le feu de la mort, était bien plus poétique, et plus conforme au génie de Rude, que celle qui a prévalu. Est-ce de ce changement de plan que dépendit le rang inférieur qui fut attribué par la critique à la statue actuelle du maréchal Ney ? L'artiste en éprouva un vif mécontentement, pour ne pas dire un désappointement amer, qui le jeta dans la tristesse. Il ne trouva de consolation que dans le travail. Il était tout entier occupé, dans son atelier, à deux chefs-d'œuvre destinés à notre ville, et qui sont aujourd'hui la gloire de notre musée.

Dans l'enivrement tout local que causa en Bourgogne la statue du *Réveil de Napoléon* à Fixin, la ville de Dijon avait voté 30,000 fr. pour l'achat d'une œuvre de Rude. Rude fit, pour sa ville natale, cette admirable *Hébé* dont le délicat modèle en plâtre a été récemment retrouvé et donné au musée par M. Mazeau, sénateur. Le vieux sculpteur a représenté la jeune et charmante déesse, jouant, une coupe à la main, avec l'aigle de Jupiter. On ne peut trop louer la grâce exquise, la jeunesse divine, la céleste délicatesse de cette adorable créature qui semble enveloppée comme d'une caresse de l'aigle qui étend amoureusement sa grande aile pour la couvrir. Cette œuvre, qui n'est pas tout à fait achevée, fait l'admiration et le désespoir de tous les artistes qui cherchent la beauté dans les formes humaines et qui, croyant l'avoir trouvée, sont impuissants à la traduire. (Vive approbation.)

Le fils du premier maître de François Rude, son compagnon d'enfance et de jeunesse, Anatole Devosge, qui a été, lui aussi, directeur de l'école des beaux-arts, a eu la bonne pensée de commander, pour le musée de Dijon, une statue à notre grand sculpteur. C'est ainsi que nous avons l'inappréciable fortune de posséder *l'Amour dominateur du monde*. Avec le bas-relief de l'Arc de Triomphe, cette statue est le chef-d'œuvre de Rude, ou, pour mieux dire, c'est le chef-d'œuvre de ses chefs-d'œuvre. Jamais il n'a poussé aussi loin le sentiment profond et vrai de la vie, et d'une vie à la fois délicate et forte, comme il convient à un être supérieur.

Voyez ce jeune homme, si léger, si gracieux, si bien posé sur son rocher, avec cette figure tout illuminée d'un sourire moqueur, en même temps que méprisant, plein d'avances et de perfidies; arrêtez vos regards sur ses beaux yeux doux et malicieux, languissants et vifs, tout remplis de séductions, destinés à perdre tant de créatures, laissez-les errer sur ses membres si fins, abandonnez-vous à cette grâce répandue sur tout ce beau corps, et tout de suite l'idée, si bien traduite par toute l'expression du corps, naîtra dans votre esprit que de lui procède toute vie, qu'il est le principe et la fin de toute activité, qu'il est le dominateur du monde.

La Grèce enthousiaste eût porté sur un autel, dans quelque temple digne d'elle, cette merveilleuse statue du maître des dieux et des hommes, et ce chef-d'œuvre eût dans tout l'univers trouvé des adorateurs. (Mouvement).

Nul doute que l'inscription célèbre mise par Voltaire au bas de la statue de l'amour, n'ait inspiré Rude :

« Qui que tu sois, voici ton maître :
« Il l'est, le fut ou le doit être.

Voilà l'inspiration première. Mais Rude, Français du XIXe siècle, était en même temps Grec de la divine époque. Alors, remontant à l'origine des choses, tout pénétré d'un naturalisme délicat, instruit aux choses secrètes de la philosophie la plus profonde, il fit de ce jeune homme plus qu'un héros, plus qu'un demi-dieu, il en fit le dieu de la nature et de la beauté. (Sensation).

Nous possédons ce chef-d'œuvre ; il nous a été donné. (Mouvement). Je voudrais pour lui une salle spéciale, quelque chose comme le sanctuaire d'art où l'on a placé la divine mère de l'Amour, l'auguste Vénus de Milo. Songez-y bien, messieurs, nous possédons un des chefs-d'œuvre de l'art français. Il m'est impossible de penser qu'il puisse y avoir quelqu'un parmi nous qui osât passer devant le marbre sublime, sans lui offrir un enthousiaste tribut d'admiration (Applaudissements prolongés).

Mais, messieurs, le triomphe de Rude, c'est le *Départ des volontaires*. (Profond mouvement). C'est là qu'il est tout entier; on l'y voit non-seulement comme homme, comme citoyen, comme artiste, mais encore comme interprète du plus grand événement politique et social qui se soit produit dans le monde moderne, la Révolution française. Et de cet interprète, quel plus bel éloge faire que de dire qu'il a élevé l'histoire à la hauteur d'un poëme, et d'un poëme écrit sur la pierre pour la postérité la plus reculée !

François Rude croyait d'abord avoir à représenter la Révolution française en quatre parties sur les quatre piliers de l'Arc-de-Triomphe qui lui avaient été attribués dans l'origine par M. Thiers, ministre de l'intérieur. Après le *Départ des volontaires*, il se proposait de faire le

Retour des grandes armées. Jugez quelle page il aurait écrite si, après avoir fait ceux de 92, il eût fait ceux de 1812 ; si, après avoir montré l'enthousiasme pour la patrie, il eût dépeint la magnanimité dans le sacrifice et dans la mort pour la patrie ! — Il avait aussi conçu le projet de peindre la *Résistance*, c'est-à-dire la lutte contre l'étranger, en 1815, et, enfin, il devait consacrer son dernier bas-relief à la paix, à ses bienfaits, à sa grandeur. Malheureusement pour l'art et pour la gloire de la France, il n'existe que des dessins de ces quatre projets. A propos du *Départ des volontaires*, on a raconté une anecdote dont l'authenticité ne paraît pas douteuse. On rapporte que Rude, familier avec les commandes officielles et craignant que son projet ne fût pas accepté s'il était trop grandiose et trop beau, avait soumis à la direction des beaux-arts une esquisse ne ressemblant en rien, comme fougue dans la passion patriotique, à celle qu'il a depuis exécutée. Grâce à cette précaution, il demeura chargé du travail, mais pour un seul bas-relief, au lieu des quatre qui lui avaient été promis.

Le Départ des volontaires ! Ce n'est pas à vous, Messieurs, que j'apprendrai que c'est la plus grande date de l'histoire moderne de France avec la prise de la Bastille.

Pour vous parler dignement de ce grand mouvement d'enthousiasme, — le plus grand, sans doute, que les Français aient eu dans leur histoire, — j'ouvrirai le livre du grand historien Michelet. Vous entendrez Michelet : nul mieux que lui n'a parlé de ces grandes choses et de ces grands hommes, et ensuite j'essaierai de vous dire ce que François Rude a fait comme sculpteur.

« Détournez les yeux de Paris, dit J. Michelet, et contemplez, je vous prie, si votre regard peut l'embrasser, l'immense, l'inconcevable grandeur du mouvement. Six cent mille volontaires inscrits voulant marcher à la frontière. Il ne manque que des fusils, des souliers, du pain. Les cadres sont tout préparés ; les fédérations pacifiques de 90 sont les bataillons frémissants de 92.

« Ces innombrables volontaires ont gardé tous un caractère de l'époque vraiment unique qui les enfanta à la gloire. Et maintenant où qu'ils soient, dans la mort ou dans la vie, morts immortels, savants illustres, vieux et glorieux soldats, ils restent tous marqués d'un signe qui les met à part dans l'histoire. Ce signe, cette formule, ce mot qui fit trembler toute la terre, n'est autre que leur simple nom : *Volontaires de* 92.

« Leurs maîtres, qui les instruisirent et disciplinèrent leur enthousiasme, qui marchèrent devant eux comme une colonne de feu, c'étaient les sous-officiers ou soldats de l'ancienne armée, que la Révolution venait de jeter en avant.

« C'était le jeune, l'héroïque, le sublime Hoche, qui devait vivre si peu, celui que personne ne put voir sans l'adorer. — C'était la pureté même, cette figure virginale et guerrière, Marceau pleuré de l'ennemi. — C'était l'ouragan des batailles, le colérique Kléber, qui, sous cet aspect terrible, eut le cœur humain et bon, qui, dans ses notes secrètes, plaint la nuit ces campagnes vendéennes qu'il lui faut ravager le jour. — C'était l'homme de sacrifice, qui pour lui voulut toujours le devoir et la gloire jamais, qui la donna souvent aux autres, et même aux dépens de sa vie, un juste, un héros, un saint, l'irréprochable Desaix.

« Et puis après ces héros, arrivent les ambitieux, les avides, les politiques, les redoutés capitaines, qui plus tard ont cherché fortune avec ou contre César. L'épée la plus acérée, l'âpre Piémontais Masséna, avec son profil de loup. Des rois, ou gens propres à l'être, un Bernadotte et un Soult. Le grand sabre de Murat, Kellermann, Joubert, Jourdan, Ney, Augereau, Oudinot, Victor, Lefebvre, Mortier, Gouvion Saint-Cyr, Montcey, Davoust, Mac-Donald, Clarke, Sérurier, Pérignon, etc., etc. Tels furent les officiers, les maîtres, les instructeurs des légions de 92. »

Voilà ce que dit l'histoire sur les volontaires de 1792. Rude, sculpteur, ne pouvait pas comprendre ce sujet comme Michelet, l'historien. L'art de la sculpture ne s'exprime pas comme l'éloquence de l'histoire. Il y a là deux opérations de l'esprit humain tout à fait différentes : l'histoire peut analyser et décrire dans les moindres détails ; la sculpture est essentiellement synthétique, doit tout résumer pour tout faire comprendre. C'est là précisément où se marque le grand génie de François Rude. Il comprit que sa composition devait se concentrer dans une idée dominante et supérieure, capable à la fois de glorifier le passé, d'instruire le présent et d'émouvoir à jamais l'avenir. C'est alors que, redoublant d'efforts sur lui-même, pour se rendre plus posé, plus calme que jamais dans l'expression de son art, et surtout pour traduire un mouvement d'enthousiasme vraiment extraordinaire, il entreprit de grouper, autour d'une création saisissante en qui se concentre et se résume tout le monument, tout un groupe de figures principales et de figures secondaires, livrées à la même action, obéissant au même sentiment et dont la diversité même, dans les attitudes et dans les mouvements, concourt au grand effet de l'ensemble. (Profond mouvement.)

Admirez, Messieurs, comment il a procédé ! Examinez successivement les figures de ce bas-relief, qui, certainement, doit être présent à votre imagination comme s'il était sous vos yeux. Prenez d'abord celles de l'arrière-plan ; chacune semble s'y livrer à une opération distincte et séparée. Celui-ci se couvre de son bouclier ; celui-là tend un arc ; cet autre déploie les étendards ; cet autre embouche la trompette. Rien de forcé, d'exagéré, dans les mouvements de chacun de ces personnages ; grâce à un habile et heureux mélange du bas-relief, du haut-relief et de la ronde-bosse, toutes ces figures si calmes, si mesurées, forment un ensemble dont le mouvement devient vertigineux et produit un effet foudroyant, électrique. La composition du groupe central s'accuse par cet effet même. On voit que c'est autour des figures de ce groupe que toute l'action est engagée ; que ce sont elles qui animent, excitent et commandent toutes les autres. Et, dans ce groupe principal, voyez comment l'artiste a su établir et rendre saisissante la lutte qui met en comparaison et en rivalité le courage accompli et maître de lui-même, l'héroïsme viril dans sa plénitude, dans sa majesté toute-puissante d'une part, et d'autre part, l'élan, la fougue, l'enthousiasme de la jeunesse. Qui n'admirerait cette figure de Jupiter tonnant, qu'il a donnée au citoyen, à l'homme fait, avec sa structure d'athlète, ses jambes puissantes qui révèlent une force que rien ne pourra entamer ni détruire ? Et à côté, figure plus admirable encore ! voyez le jeune homme destiné à peindre la générosité poussée jusqu'à l'imprudence, l'ardeur toute chevaleresque, quoi de plus accompli ? Sa jeune tête semble tout inspirée, pas un muscle de ce beau corps complètement nu ne tressaille ; on le sent d'une force et d'une vigueur égales à sa résolution et à sa beauté. On dirait le fiancé de quelque vierge lacédémonienne qui le sacrifie à la Patrie. Il est soldat, et soldat à côté du chef. Il semble résumer en lui toutes les ardeurs, toutes les puissances de la France nouvelle que la vieille Europe a osé défier. Il a cependant accepté avec une noble fierté la domination de l'homme mûr qui commande. Il va obéir ; il va peut-être mourir. Non, il va vaincre pour son pays. Et que dire du vieillard qui se sent renaître pour exciter les siens au combat ? Enfin, pour encadrer le groupe, l'étendard de la Patrie déployé qui flotte, qui frémit dans la mêlée des armes, pour envelopper toutes les figures dans ses plis glorieux. (Vive approbation.)

Remarquez-le, Messieurs, il n'y a rien qui rappelle la vie moderne. Ce ne sont pas là des soldats, ce sont des héros. L'œuvre est ainsi mise en dehors, au-dessus du temps, des partis et des hommes. Pourquoi ? Parce que Rude a voulu élever un monument à la Patrie, qui est chose sainte et sacrée, à laquelle tout le monde doit sa vie jusqu'à la mort, à la Patrie qui est au-dessus de tout. (Sensation.) La Patrie est résumée en une figure humaine qui ne chante pas, mais, comme on l'a dit, peut-être en termes méprisants, qui crie ; oui, elle crie, oui, elle jette un cri violent, un cri terrible, un cri susceptible de remuer la nation jusque dans ses profondeurs et d'appeler à elle tous ses enfants. Et ce cri est celui-ci : Aux armes, citoyens, la Patrie est en danger !

La statuaire n'a jamais réuni tant de mouvements divers et qui produisent tant d'impressions distinctes, pour traduire un sentiment unique : le dévouement à la patrie, la France sauvée par elle-même. Mais ce qu'il y a surtout d'admirable dans cet effort du génie, c'est qu'on ne le voit nulle part, c'est que toute l'œuvre semble être sortie, d'un seul jet, d'une pensée supérieure ; c'est que l'artiste a rejeté de parti pris toutes conventions d'art arrêtées d'avance ; c'est qu'il s'est affranchi constamment de toute théorie d'école. Pénétré de son sujet, il a simplement voulu traduire, par la pierre, l'idée qu'il avait longuement portée dans son cerveau. Il a su montrer ainsi que la méditation d'un grand artiste peut s'élever aux conceptions sublimes de la pensée pure ; il a pris rang parmi les poëtes, les philosophes, les créateurs. Rude s'est placé, par son génie, au nombre des grands éducateurs de la France et du genre humain. (Profond mouvement).

Messieurs, qu'est-ce qui me fait parler ainsi ? Serait-ce par hasard nos derniers et terribles malheurs qui nous ont rendu cet admirable monument plus cher encore. Ah ! oui, mes chers concitoyens, cela est vrai, et cette pensée m'obsède. Laissez-moi dire qu'il nous est impossible désormais de passer aujourd'hui devant l'Arc de Triomphe, en oubliant qu'il y a là une grande leçon de patriotisme. Tout est permis à un peuple vaincu, lorsqu'il s'agit d'entretenir au fond de son cœur l'espérance qui le rendra invincible un jour. Oui, il viendra certainement un jour, c'est mon vœu le plus ardent, c'est mon plus ferme espoir, où les fils de la France iront devant le bas-relief de François Rude, comme devant un autel ; un jour où tous les jeunes gens voudront se modeler sur celui qui est là dans sa force, dans sa beauté et dans son espérance, pour marcher comme lui, au même but que lui, à la délivrance du sol. Puisse-t-il alors se trouver parmi nous des hommes au cœur magnanime, comme le héros si calme et si grand, qui est aussi là comme un exemple — pour les conduire à la victoire ! (Applaudissements et bravos répétés).

Messieurs, l'œuvre de Rude est toute rayonnante de l'immortalité des œuvres du grand art. L'Arc de Triomphe de l'Etoile fût-il détruit, puisque tout doit périr, de ce qui a été fait de la main des hommes, tant qu'il restera sur la terre des intelligences et des cœurs capables de se retrouver dans les œuvres du passé, l'œuvre de Rude vivra, admirée de toutes les générations qui passeront, comme nous admirons les chefs-d'œuvre de la Grèce et de Rome, les statues immortelles de Phidias et de ses émules. Un principe immatériel de force et de beauté anime ces pierres sculptées. Elles sont entrées, pour n'en plus sortir, dans l'imagination et la conscience du genre humain. On ne peut s'élever plus haut, et nulle gloire n'est au-dessus de celle-là.

C'est à François Rude, c'est à l'auteur de tant de chefs-d'œuvre que nous voulons élever une statue. Cet homme de génie était aussi bon que sage et aussi sage que grand. Après vous avoir parlé de sa vie, que vous dirai-je de sa mort ? Au commencement de novembre 1855, il savait qu'il allait recevoir la grande médaille d'honneur pour la sculpture ; une lettre officielle la lui avait annoncée. Un ami lui écrivit pour le féliciter de son triomphe. Il tendit la lettre à sa femme, alluma sa pipe, écouta la lecture, et pendant cette lecture, il s'endormit du sommeil dont on ne se réveille pas. (Profonde sensation.)

Messieurs, Rude est un des fils les plus illustres de notre ville. Nous sommes bien en retard avec lui. Il y a longtemps que nous aurions dû lui décerner les honneurs que nous lui préparons. Sa statue, œuvre de l'un de ses élèves, va être dressée et découverte dans quelques semaines; elle sera saluée, je veux l'espérer, par les applaudissements d'un peuple immense. Soyez-en sûrs, toute la France, toute l'Europe artiste sera avec nous ce jour-là.

Je vous remercie, mesdames et messieurs, d'être venus ici, vous retremper au récit de cette noble existence. Il y a dans ces réunions de famille un enseignement nécessaire et fécond, qui n'est pas encore compris — je ne le vois que trop. — Il n'y faut pas renoncer, loin de là. Il faut multiplier des assemblées comme celle-ci, car c'est ici le véritable enseignement qui nous convient, — c'est l'enseignement supérieur de la démocratie par des hommes de bonne volonté qui lui appartiennent et qui ne veulent que son perfectionnement et ses progrès. J'ai tenu à vous entretenir de grandes et belles choses qui méritent votre admiration et qui doivent exciter et nourrir en vous les meilleures et les plus hautes pensées. Ces réunions sont excellentes. Elles porteront leurs fruits, n'en doutez pas. Ce n'est pas mon métier, ni ma carrière, ni ma fonction, de porter la parole sur de pareils sujets, mais, chaque fois que l'occasion s'en présente, je le fais avec la conscience que je sers mon parti, mon pays. (Très bien ! très bien !)

C'est beaucoup pour un grand peuple que de savoir admirer le génie, honorer la vertu, s'exalter dans la recherche du bien, du vrai et du beau. C'est l'œuvre sociale par excellence. Aussi, messieurs, avant de nous séparer, et, pour terminer cette réunion consacrée à rappeler de grandes et nobles pensées, unissons-nous un instant dans le culte des belles choses : je vais vous donner lecture d'une page de notre grand poète Victor Hugo sur l'Art et le Peuple dans la Démocratie : je ne saurais mieux finir. (Vifs applaudissements.)

L'art, c'est la gloire et la joie ;
Dans la tempête, il flamboie,
Il éclaire le ciel bleu.
L'art, splendeur universelle,
Au front de chaque peuple étincelle
Comme l'astre au front de Dieu.

L'art est un chant magnifique
Qui plaît au cœur pacifique,
Que la cité dit aux bois,
Que l'homme dit à la femme,
Que toutes les voix de l'âme
Chantent en chœur à la fois.

L'art, c'est la pensée humaine
Qui va brisant toute chaîne !
L'art, c'est le doux conquérant.
A lui le Rhin et le Tibre !
Peuple esclave, il te fait libre
Peuple libre, il te fait grand !

O bonne France invincible
Chante ta chanson paisible
Chante et regarde le ciel !
Ta voix joyeuse et profonde
Est l'espérance du monde.
O grand peuple fraternel !

Bon peuple, chante à l'aurore !
Quand vient le soir, chante encore !
Le travail fait la gaîté.
Ris du vieux siècle qui passe !
Chante l'amour à voix basse
Et tout haut la liberté !

(Applaudissements prolongés et bravos. — L'orateur est vivement félicité par les personnes placées sur l'estrade et qui l'entourent.)

IMP. JACQUOT, FLORET ET Cie

www.ingramcontent.com/pod-product-compliance
Ingram Content Group UK Ltd.
Pitfield, Milton Keynes, MK11 3LW, UK
UKHW020946180726
13838UKWH00003B/1158

9 782329 45669